AF336862

DISCOURS

Sur le jugement de Louis-le-dernier, sur la poursuite des agioteurs, des accapareurs et des traitres ;

Prononcé dans l'Assemblée Générale de la Section de l'Observatoire, le jour de sa Translation dans la ci-devant Église des Ursulines, par Jacques Roux, Électeur de la Section des Gravilliers, membre du Conseil Général provisoire de la Commune, et de la Société des Droits de l'Homme et du Citoyen, imprimé et envoyé d'après l'arrêté de l'Assemblée Générale, aux 47 Sections, à la Commune de Paris, à l'Assemblée Électorale, aux Sociétés des Amis de la Liberté et de l'Égalité, des Droits de l'Homme et du Citoyen, et à toutes les Sociétés Populaires.

CITOYENS RÉPUBLICAINS.

Si le despotisme et l'hipocrisie décernoient autrefois des couronnes civiques aux tigres royaux qui dévoroient les peuples ; si le crime et l'orgueil élevoient des pyramides en l'honneur des tyrans qui fondoient des bastilles, qui propageoient l'empire du fanatisme et de la stupidité ; à quelle gloire n'ont pas lieu de prétendre les citoyens qui s'assemblent pour défendre les droits du peuple, éclairer et rendre heureuse l'humanité ?

Mais, je ne m'arrêterai pas à prodiguer de vains et de stériles éloges. Les belles actions sont les véritables richesses. Le patriotisme vous applaudira, et déjà la liberté qui fixe ses regards sur le nouveau local où vous tenez vos séances, pour le prix du zèle qui vous dévore, vous a mis au rang de ses enfans. Ce titre flatteur est l'hommage le plus pur, le plus solemnel, le plus fait pour parler au cœur des hommes qui se consacrent, sans réserve, au bonheur de leur pays, qui n'ont d'autre ambition que de se rendre utiles par l'éclat des talens, et par l'ascendant des vertus.

Quelle est donc grande, citoyens, quelle est donc noble la carrière que vous allez parcourir ? Discuter les loix, répandre la lumière sur celles qui sont déj faites, surveiller les fonctionnaires publics, dénoncer les traîtres et les conspirateurs, poursuivre le crime jusque dans son dernier retranchement, étendre le feu sacré de la patrie, de la liberté et de l'indépendance, défendre la cause de l'innocent opprimé, assiter l'indigent, visiter les peuples assis dans l'ombre de la nuit et de l'esclavage, perfectionner, en un mot, la raison humaine, faire de dignes choix des magistrats, étendre l'empire des mœurs, inspirer l'amour des vertus publiques, telles sont les fonctions importantes auxquelles vous allez vous livrer. Voilà les devoirs honorables et pénibles que vous allez épouser.

Mais des Républicains ne seront pas effrayés des obstacles inséparables d'une si auguste mission : que la calomnie s'attache à leurs pas, qu'ils soient placés sous les poignards, qu'ils soient avilis, si l'homme de bien pouvoit l'être, par d'insolens démagogues dont tout le talent est de faire des placards, de dominer par l'intrigue, la terreur et la corruption, qu'ils soient exposés à la haîne, à la jalousie, à toutes les passions des petits factieux pour qui les vertus des hommes à grand caractère sont des crimes ; rien, j'ose le présumer de votre courage, ne sera capable d'amolir votre ame, et d'arrêter le cours de votre sainte doctrine. Vous oppo-

A 2

serez au fer des assassins, aux armes familières aux brigands et aux lâches, les vertus d'un Républicain, et les principes de la justice éternelle. Si les traîtres ne pâlissoient pas à l'aspect de la déclaration des droits sacrés de l'homme, qui a jetté des laves enflammées sur le trône des rois, qu'ils soient frappés par le glaive de la loi, de cette loi suprême qui est le salut du peuple.

Ce n'est, citoyens, que par des mesures promptes et sévères, ce n'est qu'en vous tenant continuellement debout, que vous vous élèverez à la hauteur de vos destinées... Eh! quoi! balanceriez-vous de faire éclatter la foudre de la liberté, lorsqu'au sein du sénat Français la vertu est à peine en sûreté, lorsqu'une faction perfide prépare des coups mortels à la liberté publique, lorsque les défenseurs incorruptibles du peuple sont obligés de garder le silence, lorsque des législateurs impies s'entourent d'une force armée, pour tenir, sans doute, impunément des lits de justice, et pour absoudre Louis XVI, le bourreau des Français.

Cependant, les Romains, nos modèles en fait de révolution, n'hésitèrent pas de faire un exemple terrible sur les sénateurs qui avoient usurpés les deux pouvoirs. Mælius qui brava au milieu d'une force armée la puissance publique, fut massacré... Les chefs du peuple, après l'abolition de la royauté, étant devenus plus impérieux, plus insolens, furent frappés de mort. Les Athéniens ne firent pas de grace aux trente administrateurs qui leur forgeoient des fers. Le despotisme, en effet, qui se propage sous le gouvernement de plusieurs, le despotisme sénatorial est aussi terrible que le sceptre des rois, puisqu'il tend à enchaîner le peuple, sans qu'il s'en doute, puisqu'il se trouve avili et subjugué par les loix qu-il est censé dicter lui-même.

Mais, Citoyens, vous n'aurez pas secoué le joug de la race des Bourbons, vous ne vous serez pas soustrait à l'humiliante domination des rois, pour plier sous le joug des agens prévaricateurs. Après avoir franchi irrévocablement l'intervalle immense de l'esclave à l'homme, vous ne souffrirez pas que vos mandataires portent la moindre atteinte à la légitimité de vos droits; qu'ils s'écartent de l'opinion publique, qui seule dicte des loix, et qui est toujours droite et toute-puissante; que pour leur confection

ils emploient d'autre force que celle des gé-
nies bienfaisans. L'exercice de la souverai-
neté n'étant délégué que pour l'avantage de
celui qui s'en dépouille, vous ne souffrirez
pas que des mandataires profondément corrompus, puissent ailleurs que dans les principes de la philosophie éternelle, les bases
de la prospérité publique ; qu'ils oublient,
un seul instant, que leur devoir est de con-
sulter les vœux du peuple, de lui rester
fidelle et de le sauver. La loi ne doit fixer
nos hommages que lorsqu'elle ne contient
pas des moyens d'oppression ; le précepte
d'amour et de reconnoissance envers ceux
qui nous la donnent, n'est plus obligatoire,
lorsqu'ils creusent le tombeau de l'esclavage,
et plongent la Nation dans un abyme de
vice et de malheur.

Ah ! Citoyens, si dans l'Assemblée cons-
tituante, dont la grande majorité corrom-
pue par l'or de la liste civile, avoit rétabli
le despotisme sous le nom de Monarque ; si
dans le corps législatif qui s'étoit agenouillé
en esclave devant la cour, & qui avoit ab-
sou un dictateur insolent, coupable du crime
de lèze-Nation, vous eussiez constamment
déployé un courage égal à la vertu, si vous

eussiez répudié ce code barbare fait par des scélérats, proclamé sous le drapeau de la loi martiale, vous ne seriez pas réduits à lutter contre d'orgueilleux tyrans, et de farouches satellites. La bannière de la Déclaration des droits de l'homme n'auroit pas été insultée. Vous ne seriez pas affamé, ruiné, désespéré, empoisonné par des reptiles venimeux, de spéculateurs parasites, par des vampires, qui, par une combinaison meurtrière du monopole, s'emparent du commerce des commestibles, dévorent les propriétés, les manufactures, la liberté, et nous font arriver, par des trafics usuraires, au port de la contre-révolution.

Le salut de la patrie, le sentiment de vos devoirs, la solemnité de vos sermens vous imposent donc l'obligation sacrée de vous roidir, sans relâche, contre les fourbes, les hypocrites, les méchans qui abusent de l'autorité dont ils sont investis pour vous forger de nouveaux fers; contre les méchans qui, la liberté sur les lèvres, mais l'esclavage dans le cœur, boivent goutte à goutte le sang des citoyens; contre les mandataires lâches et pervers, qui sollicitent l'indulgence et la générosité de la Nation envers un tyran constitutionel digne de tous les supplices, puisqu'il donna le signal de massacrer le peuple.

C'est à l'approche de ce jugement qui va fixer la destinée suprême de tous les peuples, que vous devez vous montrer grands, fiers, inexorables et terribles, en déclarant une guerre implacable, non-seulement aux accapareurs et aux agioteurs, à tous ceux qui, par le commerce de l'argent, discréditent nos assignats, et portent les denrées de première nécessité à un prix excessif; mais en demandant que la tête de l'assassin des Français tombe, au plutôt, sous le glaive de la loi ... il est tems d'apprendre ux peuples de la terre que les Nations ne sont plus la propriété des Rois, que la vertu seule rend l'homme inviolable, et que le crime conduit les tyrans à l'échaffaud. La liberté ne sera jamais qu'un vain fantôme, lorsque vous ne ferez pas éclatter la foudre de l'égalité sur un monstre détrôné, qui est le point de ralliement des contre-révolutionaires, qui, dans la prison, conspire encore contre la liberté publique. Les Rois sont dignes de mort, du moment qu'ils voyent le jour. Quelle peine ne subira pas celui qui a surpassé en scélératesse les Médicis et les Nérons, à en juger par les massacres de Nanci, de Montauban, de Nismes, des Colonies, de la Chapelle, du Champs-de-Mars; à en juger par le sang qui a coulé par le fer des satellites de François II, par les cris des victimes qui, du fond de leur tombe, demandent la tête de leur bourreau commun?

Il ne fallut chez les Romains, pour frapper un traître, que la liberté de la République : chez le Français régénéré, chez le Français le plus libre de tous les peuples, le tyran ne doit pas survivre à la tyrannie. Il faut écraser, sans pitié, l'hydre qui nous dévore ; et les Rois ne doivent désormais exister que dans l'histoire qui retrace leurs forfaits.

Recueillons donc tout ce qui est de force et de faculté en nous, pour dire à nos mandataires, que s'ils ne sont pas des esclaves, des stupides adorateurs des crimes d'un monstre roi, s'ils n'ont pas reçu à l'avance un or corrupteur pour l'absoudre, qu'ils se hâtent de prononcer la mort du traître et du parjure Louis. Disons-leur, que si les constituans, leurs prédécesseurs, dans la bassesse de leur admiration, osèrent proclamer un Monarque inviolable, le peuple incorruptible ne reconnut de sacré que la vertu; et que le sceptre et la couronne ne donnèrent jamais le droit de faire massacrer les peuples. Disons-leur, que s'ils invoquent une constitution où le mensonge composa avec la vérité, où les droits sacrés de la Nation furent sacrifiés à l'ambition d'un seul homme, pour arracher à l'échaffaud celui à qui le ciel refuse la lumière, et que la terre ne supporte plus qu'à regret: disons-leur que le peuple est debout; que s'ils ne frappent pas un tyran au milieu de ses forfaits, la Nation souveraine les citera devant son tribunal suprême. Le peuple, en effet, ne délègue pas l'exercice de sa puissance pour éponger les crimes des Rois. La tête de Louis tombera, où nous nous ensevelirons sur les débris de la République. Les Rois cimentèrent le despotisme par l'effusion injuste du sang des peuples; il est tems que la liberté des peuples soit consolidée par l'effusion légale du sang impur des Rois. L'Angleterre ne balança pas de conduire Charles Stouart à l'échaffaud. Rome frappa de la hache des consuls les fils même de Brutus. Des prêtres et des évêques citèrent devant leurs tribunaux, et déposèrent le descendant de Charlemagne, comme ils avoient déposé le descendant de Clovis ; et, la Nation française, promenant ses regards sur les rives ravagées de la Meuse et de la Mozelle, sur des monceaux de cadavres, sur des villes réduites en cendres, la Nation française entendant de toute part les cris des pères, des mères, des enfans noyés de larmes, ne prendroit pas, dans la trempe du malheur, une fermeté qui étonne, en jugeant un Roi qui a été pris les armes à la main, et que chaque citoyen avoit droit de massacrer dans la journée du 10 août.

Le seul moyen, cependant, d'étouffer les conspirations, d'en imposer aux traîtres, aux tyrans subalternes, c'est d'ôter la clef de la voûte de la contre - révolution, en frappant du glaive de la loi le premier fonctionnaire publique. La sévérité et la justice sont les vertus principales d'un Républicain. Pour ne pas gémir sous le sceptre sénatorial, pour ne pas se laisser museler par des mandataires prévaricateurs, poursuivez les scélérats sous la pourpre royale ; faites le procès à Antoinette ; que les législateurs, les juges, les commandans, les officiers publiques qui ont serré la main du peuple, et reçu les assignats de la Conr, soient conduis, avec pompe, au supplice. Le salut du peuple est la suprême loi : la résistance à l'oppression est le plus saint des devoirs. Citoyens, vous n'êtes pas dignes de la liberté, lorsque vous ne foulerez pas sous vos pieds les monstres qui ont formé le projet d'égorger la moitié de la Nation, et d'enchaîner l'autre.

Après ces réflexions que me suggère mon dévouement à la chose publique, purgeons la terre des monstres qui la souillent. Le modérantisme perd la chose publique, il creuse pas à pas le tombeau de l'esclavage; et, c'est en temporisant, que la Hollande perdit la liberté. Au reste, lorsque des mandataires profondément corrompus ne s'empressent pas de sauver la République, la Nation doit se sauver elle-même... Qui ne repousseroit pas la tyrannie, lorsque les enfans de la patrie sont massacrés au-dehors, lorsqu'au-dedans ils sont assiégés par la famine et la misère; lorsque les loix ne repriment pas le brigandage des accapareurs et des monopoleurs ? Certes, il y a de la lâcheté à tolérer ceux qui s'approprient les produits de la terre et de l'industrie, qui entassent dans les greniers de l'avarice les

denrées de première nécessité, et qui sou-
mettent à des calculs usuraires les larmes
et l'appauvrissement du peuple.

Il est encore de mauvais citoyens, sur
lesquels il n'est pas moins essentiel d'ap-
peler la sévérité de votre justice ; j'entends
parler des serpens qui sont dans votre sein.
Car les ennemis les plus redoutables ne sont
pas ceux du dehors ; la bannière de la déclaration des droits de l'homme n'a eu qu'à
paroître, le houlan farouche, et l'autho-
mathe Prussien ont fui comme l'ombre devant les couleurs nationales. La liberté fera
la conquête du monde, et déjà nous ne trou-
vons d'esclaves que dans les palais des rois.
Mais les ennemis les plus dangéreux sont les
tigres cachés sous le masque et le manteau
de la religion, qui s'attendrissent sur le sort
des traîtres et des parjures, et qui ne ver-
sent jamais une larme sur l'humanité expi-
rante sous le couteau de la tyrannie ; ces
hommes mielleux, qui en parlant de liberté
qui expire toujours sur leurs lèvres, éguis-
sent les poignards, et préparent, en secret,
la honte du nom Français ; ces lâches adu-
lateurs qui carressent le crime, et tuent la
vertu, qui endorment la nation afin qu'elle

se réveille enchaînée ; ces modérés , enfin , qui joignant la férocité des tyrans à la bassesse des esclaves , détournent habilement le glaive de la loi de la tête des grands coupables pour le laisser tomber sur la foiblesse et l'innocence ; intimident, calomnient et dégradent le peuple , afin de le corrompre et le mieux dépouiller.

Voilà, Citoyens , ce que mon amour pour la liberté m'inspire de vous dire. Je suis prêt à répandre jusques à la dernière goute de de mon sang pour défendre les principes que j'ai développé dans cette Assemblée. Puisse cette enceinte ne retentir désormais que des vérités de cette importance ! Puissiez-vous ne vous occuper, dans le sein du calme et de la paix, que des moyens de rendre le sort du peuple doux ! .... l'obéissance à la loi, le respect pour les autorités constituées, est le premier de nos devoirs. Mais en protégeant les propriétés et les personnes, je ne serai pas assez fanatique pour défendre celle des tigres, des brigands et des accapareurs. Cette opinion paroîtra dure aux Citoyens dont le cœur ne bat pas pour la liberté ; mais il n'est pas en mon pouvoir de composer avec les principes de la justice. Celui qui n'a pas le courage de dire la vérité aux hommes qui sont indignes de l'entendre, n'est pas digne de défendre la cause du peuple. Comme je ne prétend à d'autre gloire qu'à celle de sauver la patrie, je braverai la mort pour dénoncer les abus en tout genre. Le courage et la vertu vangent l'homme libre des poursuites des méchans. L'estime de l'homme de bien, la calomnie des traîtres seront, en tout temps, ma liste civile.

EXTRAIT

Du Registre des Délibérations de l'Assemblée Générale de la Section de l'Observatoire, du Samedi, premier Décembre 1792, premier de la République Française.

APPERT, après avoir entendu le Discours du Citoyen JACQUES ROUX, l'impression a été arrêtée à la pluralité des voix, ainsi que l'envoi au Corps Électoral, aux 47 autres Sections, aux Sociétés Patriotiques, et aux Municipalités du Département.

Plus, il a été arrêté que lecture en seroit faite deux fois par semaine pendant un mois.

Pour copie conforme,

DUPOUX, Président.

DROUET, Secrétaire.

www.ingramcontent.com/pod-product-compliance
Lightning Source LLC
LaVergne TN
LVHW010058060726

842524LV00006B/2251